Mujer azul

Ruth Engelhardt

Platero
COOLBOOKS

Título: Mujer azul
Primera edición: noviembre, 2024
© 2024, del texto Ruth Engelhardt.
© 2024, de ilustraciones Salvador Taboada
© 2024, de la edición, maquetación y diseño Platero CoolBooks.
© Platero Editorial S.L.
Glorieta Fernando Quiñones s/n .
Edif. Centris, planta 2, módulo 10. 41940 Tomares (Sevilla)
info@plateroeditorial.es
www.plateroeditorial.es
Diseño de portada: Platero CoolBooks.
Printed in Spain-Impreso en España
ISBN: 978-84-10062-81-8

La poesía entra en acción.
Merece lo que sueñas.
—Octavio Paz

Índice

Declaración de intenciones

Mujer Azul es más que una invitación; es una llamada para detenerse y respirar profundamente, embarcándote en un viaje con un equipaje lleno de esperanza y palabras cargadas de futuro. En cada pequeño gesto, en cada decisión consciente, reside una acción poética que nos invita a comprender la vida desde una perspectiva más profunda y significativa.

El simbolismo del número tres se despliega como un *leitmotiv*, representando un movimiento perpetuo y la conexión esencial entre alma, cuerpo y mente. La obra se divide en tres partes fundamentales: Resiliencia, Conciencia y Libertad, cada una reflejando una etapa del viaje interior. Además, se rinde homenaje al ilustre poeta Miguel Hernández con su poema *Llegó con tres heridas*, entrelazando su legado con nuestra búsqueda de significado.

Los árboles, en su sabiduría silenciosa, se convierten en el hilo conductor de una narrativa que teje la vida humana con el tapiz de la naturaleza. Observar el baile de las hojas al viento, cómo las luces y sombras se filtran a través de ellas en un efímero espectáculo de luz, es una experiencia sin igual. Este fenómeno, conocido en japonés como *komorebi*, captura la belleza transitoria de la existencia.

Nos recordaba el gran poeta Walt Whitman: «No dejes de creer que las palabras y las poesías sí pueden cambiar el mundo. Pase lo que pase nuestra esencia está intacta». Palabras que resuenan en este poemario.

¡Transformemos el mundo, verso a verso!

Prólogo

Sé algo de fotografía, y apenas nada de poesía, pero una fotógrafa como yo y una poeta como Ruth pueden entenderse a la perfección leyendo una los poemas de la otra, y viendo esta otra las fotografías de la una.

A veces yo, la fotógrafa, leo uno de sus versos y creo estar viendo lo mismo que ella describe, con total definición. Otras veces, resuenan en mi interior como si lo que contase me perteneciese. Qué cosas. Esto le podría pasar a cada uno de sus lectores, ahora que lo pienso.

A mí me ocurre porque trabajamos con instrumentos parecidos. En nuestros viajes, nuestras guías son similares.

La belleza nos puede llegar a quitar el aliento, pero no la belleza de las vallas publicitarias, sino la belleza. Esa que procede de un dolor superado, la que maneja «la angustia que seca la garganta», la de la resiliencia de la que hablan sus poemas. La de los versos «Cae la tarde y se te agarra la nada», que te hacen parar para luego continuar.

Ella lo explica, yo lo fotografío. Lo he hecho en España, en Oriente Medio, en Asia, en África.

Yo fotografío con lo que he leído, reído y llorado, aprendido, gozado. Y luego está la cámara, que hace lo que yo le digo; y luego está la vida, que hace con nosotros, y con mis fotos y con sus libros, lo que le considera oportuno. Y luego está una, fotógrafa o poeta, que decide responderle a la vida con otra fotografía o con otra poesía. Porque hablar de fotografía o de poesía es hablar de un lenguaje como arma.

La vida es una experiencia increíblemente fotogénica, merece la pena seguirla, conocerla, fotograma a fotograma.

En el acto de mirar, separas todos los elementos de una imagen, los estudias por separado para luego unirlos en un orden, un equilibrio, dentro del fotograma, al disparar. Se debe tardar mucho más en leer este párrafo que en hacerlo.

A esto hay que aspirar cuando eres una fotógrafa que debe adelantarse a lo que va a ocurrir, atrapando lo que queda después, invisible al resto. Es como estar en el pasado y en el futuro al mismo tiempo. Lo que queda es la fotografía, que fue entonces el presente.

Nosotras, la fotógrafa y la poeta, nos conocimos con la fotografía, y por su padre, que era el nieto de Otto Engelhardt, asesinado en septiembre de 1936. Iban a ser fotografiados para un libro de Memoria Histórica, junto a otras familias. Yo coordinaba ese libro. Su padre, Conrado, era mi amigo; y digo era porque hoy me he despedido de él, y en unas horas estará volando al otro misterio, pero cuando ustedes lean este texto, ya habrán pasado esas horas y él estará en el lugar donde ahora le están esperando. Hoy Ruth, sin papel ni lápiz, seguía siendo la poeta que hablaba con delicadeza, hermosura y comprensión sobre el dolor y la despedida. Yo me he ido con una imagen llena de luces suaves y sombras tenues. Una composición perfecta que acogía simultánea y armoniosamente la vida y la muerte. Pero para ver esto, se necesita educar la mirada que luego hará la fotografía o escribirá una poesía.

Laura León Gómez
@laura_leon_gomez
www.lauraleon.net

Introducción

Mirando un árbol, un árbol majestuoso o un árbol pequeño, da lo mismo, el ser humano toma conciencia de su finitud; ese organismo vivo que tienes delante «seguramente» seguirá aquí cuando tú te marches. Pero solo «seguramente», porque los árboles también mueren.

Mirando un árbol (si sabes mirarlo) te sientes él, ¡qué misterio! Un árbol sale de la tierra, como nosotros, se mantiene en pie, erguido, dispuesto a recibir los avatares del tiempo, como un hijo cuando nace. Un árbol es agua, las personas somos de agua, él tiene esqueleto de madera, el nuestro es de hueso. Nos parecemos tanto... Un árbol tiene alma, tiene espíritu y conecta con el nuestro cuando lo tocamos. Si nuestro espíritu logra sobrevivir en estos tiempos...

¡Veo árboles por todas partes!, ¡qué suerte la mía! No me imagino viviendo en el vacío total de una ciudad de cemento y cristal sin verlos a ellos, o en un desierto, de arena y plástico, sin ellos, o en otro planeta que no tenga bellos árboles. ¿Quién en su sano juicio podría vivir, por ejemplo, en Marte si allí no hay árboles?

Es tan sencillo amarlos porque, silenciosos, dan tanto… En silencio crecen y nunca reclaman nada, no gritan, no hacen ruido como las motos o los coches ostentosos, para que los mires, o como lo hace una marquesina publicitaria, o los carteles de luces de colores, o las adictivas pantallas electrónicas que te gritan: «¡Mírame!». En un mundo de ensordecedor ruido los árboles son el refugio, el silencio, la calma, como la madre que quita de tu mente los miedos, como la amiga que te abraza para sosegarte.

El árbol es un milagro que no pide ser mirado. Por eso es tan doloroso ver que el ser humano, por su insaciable ego, o por el desquiciado sistema económico que nos empuja a trabajar en cosas absurdas, los mutilan, les cortan los brazos con los desmoches, o los podan en formas geométricas. Los recortan hasta convertirlos en bolas, en cuadrados, los pervierten en caprichos decorativos. El humano loco, con las malas podas, le roba al árbol su forma natural, aquella que tiene trescientos ochenta millones de años de evolución. Cuando los machacamos para domarlos a nuestro capricho estético o cuando les pintamos sus troncos de blanco, estamos haciendo sin duda el mal, estamos acabando con la belleza, estamos haciendo con ellos lo que nuestra sociedad hace con nosotros. Reducen y podan las copas de los árboles como reducen y podan nuestras mentes. Limitamos el crecimiento de muchos árboles en los pueblos y en las ciudades, como en nuestro sistema educativo limitamos la creatividad de los niños y niñas, como se limita la libertad.

Imprimimos con las malas podas formas geométricas a los árboles porque expulsamos todo lo distinto, todo lo que se sale de la norma, todo lo que tiene entidad propia y diferente. Como nuestra sociedad, que hace de las personas un ente único, sólido, normativo, todos iguales, todos domados, sociedad domesticada de mentes podadas.

Un árbol es más que un árbol, y no es un ser aislado, en sus ramas viven hormigas, arañas, aves, alberga hongos, bacterias, sus hojas alimentan a los seres del suelo; un árbol es más que un árbol. Refresca el ambiente, nos da aire que respirar, atrae la lluvia. Es además inseparable de todo a lo que está unido, a toda la vida que lo envuelve. No deberíamos mirar un árbol y ver solo un árbol. Como no deberíamos mirar a una persona y ver solo a una persona. Somos más que eso. Somos todo lo que hay en el universo concentrado en una fracción de vida. Somos eso único que jamás se va a repetir y que a la vez son todas las cosas que siempre se quedarán aquí, mucho después de nuestra partida. Somos árboles, como los árboles son también nosotros. Ellos tienen ramas, nosotros brazos; ellos tienen raíces, nosotros recuerdos; ellos tienen nidos, nosotros esperanzas;

ellos tienen hojas, nosotros palabras; ellos tienen el viento, nosotros poesía, música, danza.

El camino de los árboles y el nuestro está unido, aunque ellos son más inteligentes y seguirán aquí, en el planeta, mucho después de que el ser humano desaparezca. Y al contrario que nosotros, ellos, que defienden lo bello, mantendrán por los tiempos de los tiempos sus conciencias limpias. Sus conciencias de árboles.

Felipe Marín Álvarez
www.lasfotosdeaureliano.blogspot.com

No vemos las cosas como son realmente,
sino que más bien las vemos como somos nosotros.

—Anaïs Nin

Resiliencia

Un gran árbol se asoma a mi ventana. Cuadro impresionista donde la luz y el color juegan a despertarte del silencio. A veces parece que cobra vida, sobre todo cuando el viento del norte ulula entre sus hojas. Me susurra historias vividas y cómo ha sufrido pérdidas irremediables. Sin embargo, a pesar de las estaciones y los grandes cambios, permanece erguido, sobrellevando la vida con o sin hojas.

Ojalá mostráramos la fortaleza que tienen los árboles. Vivimos en una excitación continua donde el menor contratiempo provoca un sentimiento de hostilidad. Nos mostramos al mundo con nuestra peor cara, incapaces de parar el ritmo desquiciado en el que vivimos. Se nos olvida que, a veces, toca transitar la frustración, el dolor o el rechazo. Se nos olvida que esto es temporal, porque nada permanece para siempre. Somos seres en constante transformación.

Todo esto lo he aprendido en los últimos tiempos, en una época en la que mi vida se ha alineado con la poesía. Poesía que trasciende el texto escrito y se convierte en una mirada especial hacia lo que me rodea. Su *performance* surge en forma de abrazos, alegrías y decepciones, caminos que se bifurcan y árboles, muchos árboles.

I

Cae la tarde
y se te agarra la nada
donde ya no es día,
donde todavía no es noche.

Territorio onírico
habitado por anhelos
prometedores.

Desde una ventana
se escapan los
últimos acordes
de Claro de luna.

Y en ese instante
de bruma, piensas:
todo es posible.

Frondoso árbol de mi alma.

II

Érase una niña
que habitaba una casa palacio
impregnada de memorias
de mujeres torre.
Sus pies inquietos
saltan los escalones
que conectan lo seguro
con lo aterrador.
Un extraño siroco
la empuja a la exploración:
oscuros pasillos,
puertas numeradas.
Al final a la izquierda
aparece la puerta mágica
cuya bisagra anuncia
un misterio sin resolver.
Los ojos traviesos
de su tatarabuela
la siguen con su mirada

perturbadora y locuaz.
Retrato de pintor desconocido,
técnica de Mona Lisa
para hacer eternas
las familiares ausencias.
Empieza un viaje
por las estanterías de cedro
que la alejan de la prosa
de la vida infantil.
Acaricia el terciopelo
de su libro preferido
tan suave como el pelo
del gato Gagarin.
Palabras que apenas entiende
brotan de las páginas
y hacen un diccionario
con entradas profundas.
Una abuela hogar
le recuerda la hora
del pan con chocolate
y de las historias sin final.
La niña escucha atenta
con el abrigo
de la mesa camilla,
isla en un océano.
Equilibrista ingenua

que aún no ha aprendido
la maestría de un oficio
transmitido de generación en generación.
Abuela y nieta
tejen un hilo rojo
que rodea sus cuerpos
como escudo protector.
Y en ese espacio seguro,
los deseos se transmutan
en incertidumbres certeras
que cierran un círculo.
Aprenderás,
sentencia la abuela.

Mirada perenne.

III

Quisiera ser un río
que se desliza volátil
sin apenas esfuerzo
en respetuosa cadencia.
Quisiera ser cometa
blanca y azul
para camuflarme
con el firmamento.
Quisiera ser libélula
y moverme al mismo tiempo
en todas las direcciones:
norte, sur, este y oeste.
Quisiera ser rocío
silencioso y húmedo
que impregna el paisaje
cada amanecer.
Quisiera ser vórtice
en esta incomprensible borrasca
donde se congele por siempre

el corazón molesto.
Quisiera ser veleta
con un rumbo cambiante,
libre de estancias cárcel,
que aprisionan el alma.

Río.
Cometa.
Libélula.
Rocío.
Vórtice.
Veleta.

Vía de salida
liberada
por el estoico deseo.

Robusta sombra que me cobija.

IV

¿Por qué atenernos a la prosa de la vida?

Tenemos la oportunidad
de hacer un brindis al sol
sin una hoja de ruta.

Podemos sentir
nuestra vulnerabilidad
como un camino.

Nos alejamos
para comprender:
viajeros por ciudades de luz.

Luces que dejan en evidencia
las sombras escondidas,
arrulladas por el bullicio.

Miradas deduplicadas
en busca de lo genuino
en cada pisada.

Siente el encuentro.
Mágico instante
que se evapora sin retorno.

Guardián, enraizado al tiempo.

V

¿A dónde van las palabras que no se quedaron?
¿A dónde van las miradas que un día partieron?
¿Acaso flotan eternas,
como prisioneras de un ventarrón,
o se acurrucan entre las rendijas
buscando calor?
—Silvio Rodríguez

A veces callamos
por no viciar
el aire compartido.

Y las palabras
se acurrucan
en un hueco profundo.

Eco siniestro que embelesa
y nubla los sentidos.
Universo que se hace diminuto.

Ahí estás tú,
bella canción
de cuna paraíso.

Me meces con
tus eternos
cuidados.

Amor infinito
que crea
aires renovados.

Consejos,
deseos,
reflejos.

No importa
si afuera
la lluvia arrecia.

No importa
si llega la
helada.

No importa
si has perdido
los mapas.

Allí, en el paraíso,
vuelves a respirar vida
sin apenas esfuerzo.

Abrazo tu presencia.

VI

Como una observadora indolente
me doy cuenta de cómo arrastra
la hoguera de las vanidades.

Un mundo donde los audaces
manejan su tiempo
siempre con saldo positivo.

Un mundo desorbitado
donde la moneda de cambio
es un terrible mantra.

Un mundo a punto de colapsar
por los engaños y manipulaciones
sin ningún remordimiento.

Baile esperpéntico donde se citan,
los amantes del poder
con ideales a precio de ganga.

Ladrones de lo puro y lo verdadero,
marcando el compás de los súbditos
que se aferran a sus hilos.

Mi mirada está ajena a esta locura,
alineada con otros parámetros
invisibles para los arrogantes.

Refugio para los que no alcanzamos
los estándares preestablecidos
por esta jauría atroz.

Mi reino no es de este mundo.
Pertenece a los sólidos e incansables
que bailan con el viento.

Remolino sutil
que se transmuta en
tormenta.

La melodía de tus hojas me acuna.

VII

Los muertos reciben más flores que los vivos, ya
que el pesar es más fuerte que la gratitud.
El papel tiene más paciencia que la gente.
—Ana Frank

Rostros que se preparan
para la inolvidable experiencia
lacerante y desgarradora.

Buscan desesperadamente
una caricia,
una mirada,
una palabra.

Baile silencioso
de camillas que
chirrían descaradamente.

Respiración oscilante
entre el aquí y ahora
y lo que vendrá.

Y la confianza mengua.
Y los miedos campan libremente.
Y la angustia seca la garganta.

Miradas de resignación,
dolor y soledad,
esperando a que llegue la empatía.

En ese territorio hostil
tan solo pueden asirse
a una palabra:

Paciencia…

*Dentro de ti no pueden
entrar nunca.*
—George Orwell

Conciencia

Bajo las raíces del robusto ciprés hallé una nota descolorida por el tiempo cuyas letras, apenas visibles, revelaban la firma de un nombre femenino.

¡Nunca olvides! Anna.

Palabras que evocaron en mí historias olvidadas, aquellas pérdidas en las sombras del terror y la irracionalidad. Historias de aquellos que no tuvieron un lugar para una flor o un último adiós.

Tantos silencios obligados.

Tantas palabras que se quedaron en la comisura de los labios.

Tanto frío y oscuridad.

Como bien expresó el poeta Miguel Hernández: «Aunque el otoño de la historia cubra vuestras tumbas con el aparente polvo del olvido, jamás renunciaremos ni al más viejo de los sueños».

Soñar con palabras de justicia y paz.

Dignidad, solidaridad, respeto, convivencia, amor, concordia, acuerdos…

El poder de las palabras es inmenso. Ellas generan acción, reacción, emoción; nos orientan y nos brindan esperanza. A través de nuestras formas de expresión, no solo comunicamos, sino que también nos conectamos con el mundo y con los demás. Nuestras palabras están cargadas de vida.

Vida para transmutar el olvido en reparación.

Reparación para cerrar heridas y reescribir las historias silenciadas.

Reparación para transformar cada una de las historias en memoria colectiva.

Vereda donde germinan palabras siembra, cargadas de futuro.

Sentirte,
vayas donde vayas,
hagas lo que hagas.

VIII

Juventud, divino tesoro,
explosión de sonidos discordes,
rotunda como las fiestas de primavera.
La dulce niña de mirada blanca
se perdió sin remisión
en la calle del Infierno.
La mujer azul noche
apareció con tacones
de pegajoso albero.
Pelo lacio a juego
con unos labios
pintados a escondidas.
Se arreglaba
pronunciando un hechizo
para detener el tiempo.
Rojo fuego
que la ataba a
una cabina donde esperaba.

Esperaba ansiosa
respirar el amor
y su sonrisa seductora.
Él llegaba a cámara lenta
sin apenas agitarse,
sin apenas preocuparse.
Ella habría vendido
su alma al diablo
por otro viscoso beso.
¿Por qué se sentía
clandestina,
oculta y prohibida?
Ella nunca fue nada para él.
Él siempre fue todo para ella.
Finalmente, sus cuerpos
se encontraban
como en unas sevillanas.
Se reconocían.
Se acercaban.
Se rozaban.
Se unían.
Muy rápido,
sin apenas gozar
de los fuegos artificiales.
Las casetas echaron sus toldos
y las luces de los coches locos

se apagaron sin remedio.
La mujer azul noche
recogió su traje de volantes
manchado de barro.
Sus lunares
rezuman pasión
indiferente.
Y el hechizo se rompió,
congelando el amor
en una fotografía en blanco y negro.

Desde entonces
taconea
a otro ritmo.

¿Dónde quedaron los mapas?

IX

Desde el más profundo recoveco
del bosque perdido
siento cómo se quema
la fresca vereda.
Una y otra vez
se repiten los malos
pasos dados.
Esos que nos llevan
a una destructiva sequía.
No queda agua que dé
vida a los agrietados surcos
del desgarrador mapa.
No hay nada
que proteja mi piel cuarteada.
En ese inhóspito lugar
estoy intentando
mantenerme erguida.
Las fuerzas flaquean
y mis pies no saben

a dónde dirigirse.
Lo he perdido todo
de nuevo:
un traje,
lo divino,
lo humano,
miradas refugio.
Dónde quedó el resorte
para activarme de nuevo.
Las espinas de los cardos
se clavan en mis pies.
Y en este punzante lugar
estoy intentando
ser hielo azul.

Y la palabra se hizo acción
con verbos en tiempo futuro.

X

La incipiente náusea llega
con fútiles recuerdos
adheridos a mis entrañas.
Silencio ensordecedor
que retumba en mi ser
y se amplifica gradualmente.
La bruma me envuelve,
cobijo inmune
a la oscuridad de mi alma.
Papel vacío,
escritura automática,
que toma el control.
Las letras brotan
como una fuente liviana.

Alza tu voz y
di sí a las palabras
que nos definen.

XI

Por mucho tiempo
los pasos quedaron congelados,
las puertas y ventanas cerradas,
las conversaciones clausuradas.
Una voz cercenada y vencida,
una voz descompuesta y cubierta
de generación en generación.
Espacios llenos de vacíos,
escuchando historias que no
nos pertenecían, mientras
se ocultaban recuerdos…
Un día
las palabras empezaron a brotar
y a rellenar las oquedades,
comenzando la rehabilitación.
La voz empezó a alzarse,
los bloqueos desaparecieron.
Silencios rotos, caminos nuevos,
instantáneas libres.

Ahora
la reconozco como algo mío,
que ha estado latiendo
por mucho tiempo.

Y me pregunto dónde irán
las palabras que no decimos.

XII

La historia cuenta lo que sucedió.
La poesía lo que debía suceder.
—Aristóteles

Desde que no te escribo, 8.000 palabras
se han atorado en mi garganta.
Ya no te cuento que
he visto vencejos,
he perdido el autobús,
he abrazado a un árbol.
Distancia infinita
entre seres espectrales.
Confieso que al ir a dormir
acaricio mi teclado
como si fuera a interpretar
Tocata y fuga en re menor.
Mi gato extraña el cotidiano
sonido que lo arrullaba.

No sabes cuánta belleza
sigue brotando de
la visión poética
que compartíamos.
Eternas conversaciones
finiquitadas abruptamente.
Los silencios nocturnos
se han adueñado
de mi casa congelada
por la no comunicación.
Horas estériles
mirando un perfil
que muestra la vacuidad
de tu vida.
Percibo la gélida presencia
de tu fantasma,
que me hace un guiño
cómplice y burlón.

Y susurra:
c'est fini.

Con solo un gesto
el verbo será lo que tú anhelas.

XIII

Eco siniestro que embelesa
y nubla mis sentidos.
Universo que se hace diminuto
en un instante, arañando
la náusea mi seca garganta.

Equilibrista anónima
que aún no ha aprendido
a caminar con decisión
por el bulevar de los
sucños rotos.

No hay salida, me dicen.
No hay solución, afirman.
No, no y no, susurran.
Mi cuerpo necesita un asidero
que le insufle aire renovado.

Ya no tengo fuerzas para filtrar
el aire estancando,
el aire viciado,
el aire atorado,
el aire podrido.

¡Despierta!

XIV

Llegó con tres heridas:
la del amor,
la de la muerte,
la de la vida.
—Miguel Hernández

Un día desperté
en la cima de una montaña
donde no había nada.

No era consciente
de cómo llegué
hasta allí.

Mi cuerpo estaba
paralizado por
tres pesares.

Cada vez que
me olvidé sin remisión
de mis necesidades.

Cada vez que
no hice una pausa
quelante.
Cada vez que
quise más a los demás
sin pensar en mí…

Me elevaba...

Allí, en las alturas
tan solo era
un garabato.

Un dibujo lineal
que se había congelado
en otra era.

Sin resorte
para activar de nuevo
lo tridimensional.

Tantas veces intenté
volver al punto de partida,
sin éxito.

Tantas veces odié
esta ubicación
que no podía desactivar.

Tantas veces luché
por aligerar el tiempo
con una sutil brisa.

Una otredad se adhirió
a mi cuerpo indefenso,
marcando los ritmos.

Un descenso a los infiernos
sin luceros
ni brújulas.

¿Cómo sanar las heridas?
La del amor.
La de la vida.
La de la muerte.

En este universo devastado
una pequeña estrella
empezó a parpadear.

Danza de destellos
que despertó
a las musas.

Calíope y su corona de laureles.
Erato, portando una lira.
Clío con su libro pergamino.

Tres objetos
que depositaron
en el lóbrego camino.

Me pregunto por qué todo lo queremos hacer
grande,
si en lo pequeño reside el secreto
de nuestra felicidad.
Pequeños detalles,
pequeñas señales,
pequeños acontecimientos.

Susurraron versos
que cauterizaron las heridas
de la destructiva sequía.

Y la palabra se hizo talismán,
nido hogar en perpetua dualidad.

No se nos otorgará la libertad externa más que en la medida exacta en que hayamos sabido, en un momento determinado, desarrollar nuestra libertad interna.

—Mahatma Gandhi

Libertad

Mi vida antes era abarcable: una familia, un hogar, un barrio, un trabajo, unas amigas... En los días en que el frío se infiltraba hasta mis huesos o el agotamiento se cernía sobre mi espíritu, encontraba refugio en el calor de mi hogar. Personal santuario que me brindaba consuelo y me ayudaba a renovar mis energías. Los objetos que me rodeaban destilaban recuerdos, tejidos con hilos resistentes al paso del tiempo: los libros atesorados de mis años de estudiante, las fotografías que capturaban instantes eternos, las obras de arte creadas por manos maestras… El ambiente estaba impregnado de mucho amor, tanto por las personas, como por todo lo bello que nos había acompañado durante tanto tiempo.

De repente, el nido hogar desapareció y empecé a deambular sin un rumbo fijo, cual polluelo desorientado sin su madre. El proceso fue caótico y gradual.

No quedaba nada conocido a lo que aferrarme. Cajas apiladas se convirtieron en mi nueva realidad. El peso de las renuncias y la culpa me oprimía, amenazando con asfixiarme.

Y de repente: las palabras. Las lecturas que llegaban a mí comenzaron a iluminar mi camino, a pesar de los vacíos.

Recordé haber leído la historia del anillo del rey Salomón, una joya legendaria que otorgaba la capacidad de comunicarse con los animales y confería una gran sabiduría a su portador. Una sabiduría relacionada con la humildad, que nos recuerda que no somos el centro del universo ni de la creación.

Así empecé un aprendizaje para enfocar mi mirada y descubrir las lecciones que los seres no humanos tienen para enseñarnos. En un refugio verde, inicié mi viaje hacia la quietud y el silencio.

En ese espacio, los árboles tomaron un papel central, enviándome mensajes sin palabras. Me enseñaron la importancia de la resiliencia y la paciencia. A pesar de las estaciones y del tiempo, permanecen fieles a su esencia.

Y así llegó el momento de la transformación.

Ahora, finalmente, estoy lista.

Libertad es decidir
si quieres subir o bajar
de la noria.

XV

Llegó el momento.
Mariposas en el estómago
ante un nuevo horizonte
que se despliega.

Blanco lienzo
que abra ciclos,
que disipe la oscuridad,
que acompañe al vaciado.

Ya no necesito ínfulas lejanas,
sucedáneas de paraísos,
trajes que opriman,
ni siquiera palabras ligeras.

La insoportable densidad de mi ser
se nutre ahora
de los adverbios
aquí y ahora.

Libertad es no sentirse atado a ningún lugar, persona o situación.

XVI

Me gusta la palabra deambular, ir de un lugar a otro sin saber dónde terminaré, disfrutando del paseo y de lo que me voy encontrando por las calles.

Me gusta mirarme en el reflejo del escaparate e imaginar que soy otra.

Me gusta observar los rostros de las personas, para escudriñar su interior.

Me gusta descubrir los misterios y los secretos que guardan.

Mucha gente se afana por encontrar su lugar en el mundo.

Yo lo he encontrado, aquí en las calles, donde puedo captar retazos de otras vidas que terminan perteneciendo a mi mirada poética.

Libertad es fluir
con la vida.

XVII

Hoy el sol salió a las 7:57.
y se puso a las 20:57.
Nacieron 837 bebés.
Murieron 893 personas.
Los relojes marcaron las horas.
Los termómetros subieron tres grados.
Algunos barcos partieron.
Y trenes regresaron.
Un naranjo floreció.
Las peonías danzaron al viento.
Y mientras la tierra seguía
con sus tradicionales movimientos,
una partícula se rebeló.
Tan solo era una partícula elemental que
ya no quería ser protón, neutrón o electrón.
Tan solo quería acercarse a la velocidad
de la luz con una energía infinita.
Alcanzar el no tiempo,
el no espacio.

Libertad para acoger
el dolor y el disfrute efímeros.

XVIII

¿Quién soy?

La que ama.
La que odia a veces.
La que pone límites y se los salta.
La que intima contigo y la aséptica.
La que se cae mil veces y mil y una veces se levanta.
La que siente ansiedad y respira una voluble
seguridad.
La que no entiende el mundo y empatiza con lo
diferente.
La que lucha por la justicia y la reparación,
La que ama las palabras y las atesora.

Libertad para respirar los colores del mundo.

XIX

Después de las tormentas
siempre llega la calma.
Me nutro de ella
para retomar el camino.

Caminar para volver a encontrarme.
Caminar para habitar las palabras.
Caminar para sentir que soy la dueña de mi destino.

Proceso de sanación
donde por fin coloco
la pieza que faltaba
de mi puzle.

Aprender a convivir con la no belleza.
Aprender a limpiar emociones virulentas.
Aprender a aceptar y a confiar.

Ahora, mi reino sí es de este mundo.
Mundo hostil, enajenado y frenético
donde mi elección es pausarme con
la luz filtrada a través de las hojas de los árboles.

Y respirar el instante.

Libertad para volver a empezar.

XX

Rosas y espinas.
Noches y días.
Luz y oscuridad.

Opuestos complementarios
donde todo fluye
y se transforma.

Punto de inflexión
donde desaparecen
las diferencias.

Navegación
sin mapas.

Travesía hacia la
consciencia pura.

Libertad para cerrar ciclos.

XI

Ven y acércate a
iluminar estancias
diáfanas sin nada que
aprisione tu alma.

Epílogo

Me gusta escuchar el eco de mis pasos en las calles solitarias. Es demasiado temprano y la ciudad duerme. Esos minutos que dura el trayecto hacia la parada del autobús, me siento grande, majestuosa, erguida como pajarilla azul, tal y como cuenta el poema de una amiga.

Allí no hay nadie para juzgar si mis pasos son profundos o titubeantes. Me siento dueña de un espacio que solo me pertenece a mí. Luego llega el momento de subir al autobús y sentir el microplacer de escoger el lugar donde quieres sentarte.

A partir de ahí se inicia el viaje. Los carteles publicitarios entablan una conversación muy amena conmigo. El nombre de un restaurante «bocafloja» me hace pensar en el paralelismo con la mía. Mi boca se afloja con demasiada frecuencia y de ella salen flores y cactus al mismo tiempo. El trayecto continúa con un cartel de un otorrino que pone: «Garganta, nariz y oídos». ¿Era necesario ser tan explícito? Las palabras deben ser misteriosas como pasa con las personas. Hoy, el encargado de poner contenido en mi Matrix se ha lucido. No soy capaz de encontrar mensajes ocultos que tenga que descifrar. Llegando al final del trayecto, me topo con la empresa Secoex, ingenieros que se dedican a cuidar de la seguridad, para construir un futuro mejor, dicen.

Me bajo del autobús y me transformo de nuevo en pajarilla azul, con la fresca brisa de la mañana acariciando mi pelo. Y vuelvo a caminar, haciendo camino al andar.